Besos de sol, abrazos de luna

WITHDRAWN

Sun Kisses, Moon Hugs

By Susan Schaefer Bernardo • Illustrated by Courtenay Fletcher

Inner Flower Child Books

LOS ANGELES

Author **Susan Bernardo** and illustrator **Courtenay Fletcher** are a dynamic duo committed to creating books that heal and inspire children of all ages! Their other books include *The Rhino Who Swallowed a Storm* (co-authored with LeVar Burton), *The Big Adventures of Tiny House* and *The Artist Who Loved Cats*. Learn more at www.InnerFlowerChildBooks.com

Bilingual Edition © 2019 Susan Schaefer Bernardo & Courtenay Fletcher
Story © 2012 Susan Schaefer Bernardo
Illustrations © 2012 Courtenay Fletcher

Bilingual Paperback: 9781951297008 Ebook: 9781951297015
10 9 8 7 6 5 4 3 2
Library of Congress Control Number: 2019911058

Published by
Inner Flower Child Books
17412 Ventura Blvd., Suite 134
Encino, CA 91316
www.InnerFlowerChildBooks.com

Book design by Courtenay Fletcher
Printed and bound in the USA

Contact the publisher at sales@SunKissesMoonHugs.com for discounts on bulk orders.

Publisher's Cataloging-In-Publication Data (Prepared by The Donohue Group, Inc.)

Names: Bernardo, Susan Schaefer, author. | Fletcher, Courtenay, illustrator.
Title: Besos de sol, abrazos de luna = Sun kisses, moon hugs / by Susan Schaefer Bernardo ;
     illustrated by Courtenay Fletcher.
Other Titles: Sun kisses, moon hugs
Description: Bilingual edition. | Los Angeles : Inner Flower Child Books, [2019] | Bilingual. Parallel text in Spanish and
     English. | Interest age level: 002-008. | Summary: "In this engaging picture book, children learn that love lasts
     forever, even when loved ones can't be physically present"--Provided by publisher.
Identifiers: ISBN 9781951297008 (bilingual paperback) | ISBN 9781951297015 (bilingual ebook)
Subjects: LCSH: Love--Juvenile fiction. | Families--Juvenile fiction. | Emotions--Juvenile fiction. | Sun--Juvenile fiction. |
     Moon--Juvenile fiction. | Separation anxiety--Juvenile fiction. | Nature--Juvenile fiction. | CYAC: Love--
     Fiction. | Families--Fiction. | Emotions--Fiction. | Sun--Fiction. | Moon--Fiction. | Separation anxiety--Fiction. |
     Nature--Fiction. | Spanish language materials--Bilingual. | LCGFT: Picture books. | Stories in rhyme.
Classification: LCC PZ73 .B39718 2019 (print) | LCC PZ73 (ebook) | DDC [E]--dc23

Un millón de abrazos y besos para nuestra sorprendente comunidad de familiares y amigos, viejos y nuevos. Necesitábamos un pueblo para traducir este libro. Muchas gracias a Robert Gibbons, Alejandra Engelberg, Alan Quinonez, Eva Latapi, Karol & Grey Gorman, Veronica Lavarello, Anarosa Estevez y las familias de Vaughn G3 Elementary School.

We send a million hugs and kisses to our supportive community of families and friends, old and new. It truly took a village to translate this book! Many thanks to Robert Gibbons, Alejandra Engelberg, Karol and Grey Gorman, Veronica Lavarello, Alan Quinonez, Eva Latapi, Anarosa Estevez and the families of Vaughn G3 Elementary School.

xoxo Courtenay & Susan

No importa que tan lejos estemos,
yo siempre encontraré formas para decirte que te amo.

No matter how far apart we are,
I'll always find ways to tell you I love you.

¿Cómo?

Desde donde sea que estemos,
  tú ves la luna y yo veo la luna.

How?

From wherever we stand,
  you see the moon and I see the moon.

Así es como

That is how

nos podemos enviar abrazos.

¿Abrazos de luna?

Sí, abrazos de luna.

we can send each other hugs.

Moon hugs? Yes, moon hugs.

¡Pero la luna no tiene brazos!

Es cierto, la luna no puede bajar para tomarte de la mano,
pero con su fuerza crea las olas en el mar.
Sus brazos invisibles mecen la marea día y noche,
así es como mi amor te abraza cuando estoy lejos.

But the moon doesn't have any arms!

It's true the moon cannot reach down to hold your hand,
but she is strong enough to pull waves onto sand.
Her invisible arms rock the tides by night and day,
like my love holds you safely when I am away.

What if the moon is just a sliver?
Still she will deliver an entire quiver full of love.
However small and thin the moon might seem,
the hugs we send always make her beam.

What if there's no moon in sight?
Close your eyes and imagine it bright,
and love will dance in your dreams tonight.

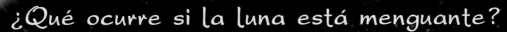

¿Qué ocurre si la luna está menguante?

De todas maneras la luna, como un arquero, te enviará estrellas de amor.

Aunque la luna parezca pequeña o delgada,

los abrazos que le enviamos siempre la harán brillar.

¿Qué ocurre si la luna no se ve?

Cierra tus ojos e imagínala brillar,

y esta noche el amor a tus sueños llegará a bailar.

¡Pero cuando despierte la luna ya se habrá ido!

Aaah, pero entonces podemos enviarnos besos con el alba.
Cuando abras los ojos y veas el sol amanecer,
haz esto... ¡mándale un beso!

But when I wake up, the moon will be gone!

Ahh, but then we can send each other kisses by dawn.
When you open your eyes and see the sun rise,
just do this... blow a kiss!

El sol atrapará tu beso y con la velocidad de la luz me lo enviará. Y yo te enviar

The sun will catch your kiss and use light speed to forward it right on to me.

un millón de besos. Tú sentirás mi amor con el calor de cada rayo de sol.

I'll send a million kisses back your way. You'll feel my love in each warm ray.

Pero qué pasa si...

Ya sé lo que estás a punto de decir... ¿Qué pasa si el cielo está nublado o gris?
El amor viajará a través de las gotas de lluvia en las aguas de la tierra que
fluyen como ríos y océanos.

But what if...

I know what you're about to say...what if the sky is cloudy or gray?
Love travels through raindrops and waters the ground,
flows into rivers and oceans all around.

Cuando el cielo se aclare y el sol se reúna al espectáculo,
nuestros besos, como deseos, se resbalarán a través de los arco iris.

When the sky clears and the sun joins the show,
our kisses, like wishes, will slide down rainbows.

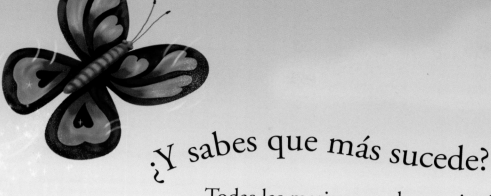

¿Y sabes que más sucede?

Todas las mariposas y las mariquitas,
cada flor del viento y margarita,
que veas revolotear a tu alrededor
te estarán diciendo cuánto te amo.

You know what else is true?

Every ladybug and butterfly,
each dandelion and daisy
that catches your eye or flutters by,
is saying that I'm crazy about you.

Del cielo a la tierra,
hay infinitas formas de mandar amor.
El amor está en cada estrella que cintila en el espacio
y en cada copo de nieve que cosquillea tu cara.

From the heavens above to earth below,
there are infinite ways to say hello.
Love is in each star twinkling in space
and every frosty snowflake tickling your face.

Estira tus brazos alrededor de un árbol…te abrazaré y tú me abrazarás.

Throw your arms around a tree…I'll hug you and you'll hug me.

Cuando estés jugando en la playa,
yo estaré contigo en cada granito de arena.

Each grain of sand means I'm in reach
when you're playing on the beach.

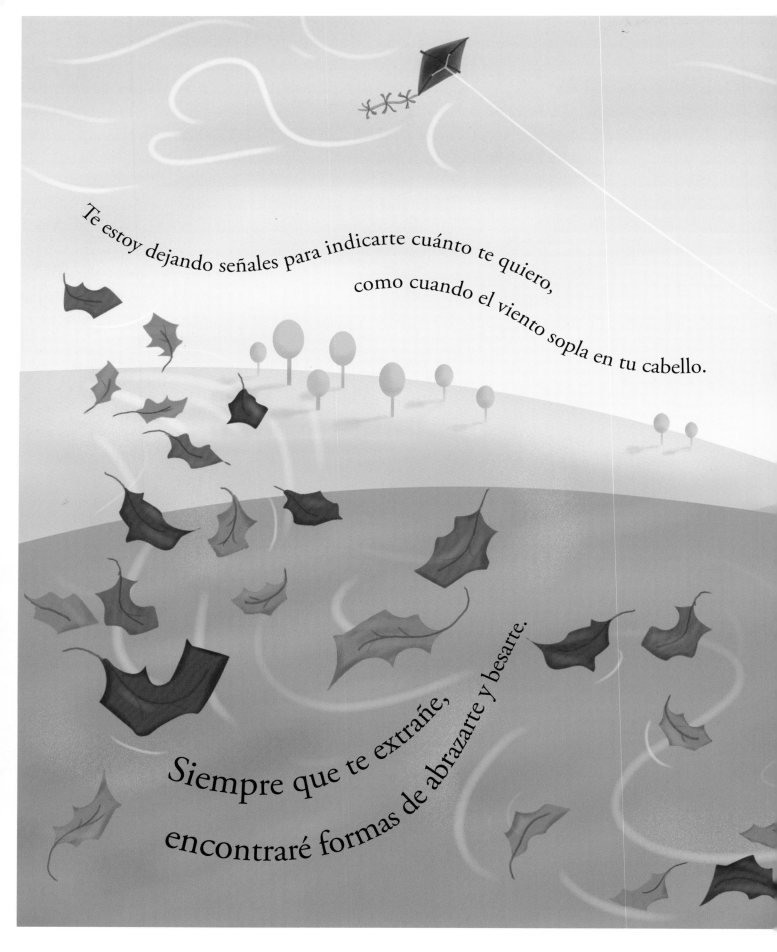

Te estoy dejando señales para indicarte cuánto te quiero, como cuando el viento sopla en tu cabello.

Siempre que te extrañe, encontraré formas de abrazarte y besarte.

I'm leaving signs to show I care, like the wind whispering through your hair.

Whenever I miss you, I will find a way to hug and kiss you.

¿Ves estas letras X y O?
Son otra forma para poder demostrar algo
que siempre será verdad...
tú me amas, y yo te amo.

See these letters X and O?
They're another way for us to show
something forever true...
you love me, and I love you.

Abrazos de luna y besos de sol,
yo siempre te amaré con todo mi corazón.

Hugs by moon and kisses by sun,
I'll always love you, Little One.